NOTICE NÉCROLOGIQUE

SUR

M. L'ABBÉ L. CAPELLE

PAR

M. L'ABBÉ C. DEHAISNES

Membre de la Société d'Agriculture, Sciences et Arts de
Douai, professeur à l'institution Saint-Jean.

DOUAI

LUCIEN CREPIN, ÉDITEUR

Imprimeur des Sociétés scientifiques et littéraires de Douai

23, Rue de la Madeleine, 23.

1869.

NOTICE NÉCROLOGIQUE

SUR

M. L'ABBÉ L. CAPELLE

Par M. l'abbé C. DEHAISNES

Membre résidant

Dans sa séance du 11 octobre 1867, la Société d'Agri-culture, Sciences et Arts de Douai a décidé qu'une notice nécrologique serait consacrée à rappeler la mémoire de M. l'abbé Capelle. M. l'abbé Capelle n'était que membre correspondant de la Société ; il n'avait paru qu'une seule fois dans son sein ; il ne s'était point fait remarquer par d'importantes publications d'érudition, d'art ou d'histoire : il m'a semblé qu'en lui accordant cet honneur d'une notice nécrologique, ordinairement réservé à ses membres rési-dants et à ses membres honoraires, la Société a voulu mon-trer qu'elle apprécie les services rendus par ce prêtre zélé dans le cours de sa vie sacerdotale. Prêtre moi-même, ami respectueux et parfois collaborateur de M. Capelle, je n'ai pas cru avoir le droit de refuser cette tâche ainsi comprise ; je l'ai acceptée, sans toutefois m'en dissimuler les difficultés. Elle m'a cependant été rendue plus facile par la bienveil-lance de plusieurs amis de M. Capelle, qui ont bien voulu me communiquer, non-seulement leurs souvenirs, mais aussi sa correspondance, tous ses ouvrages publiés et tous ses travaux inédits (1). Plus de deux cents lettres autographes, un nombre considérable de discours, d'essais, de notes, d'écrits en vers ou en prose m'ont passé sous les yeux, ont été compulsés et étudiés pour cette courte notice. Elle abondera en citations : j'ai essayé de représenter M. Capelle peint par lui-même.

I.

Enfance et premières études de M. Capelle. Il exerce le saint ministère à Iwuy, à Honnecourt et à Preux-au-Bois.

· M. Louis Capelle naquit à Douai, le 3 avril 1810, dans une modeste habitation, située au coin de la Petite-Place et de la rue de la Croix-d'or, où son père exerçait la profession de boulanger. Enfant encore, il fut choisi pour le service de l'autel dans l'Eglise Saint-Jacques sa paroisse ; et, sentant naître les premiers germes de sa vocation sacerdotale, il obtint la permission de suivre les cours du Collége

(1) Je dois des remercîments tout particuliers à M. Bonce, vicaire-général du diocèse, qui a bien voulu me communiquer le manuscrit intitulé : *Les Annales de la maison Saint-Charles ;* à M. Caron, fabricant à Valenciennes, qui garde précieusement une correspondance qu'il n'a cessé d'entretenir durant trente ans, avec M. Capelle, son ami d'enfance, à M. Delattre, receveur municipal de Cambrai, à M. Dechristé, imprimeur à Douai, qui ont mis à ma disposition un grand nombre de lettres, de papiers, de notes et d'œuvres inédites qu'ils conservent dans leur collections ; et à M. l'abbé Delassus, vicaire de Saint-Géry, qui non-seulement m'a communiqué plusieurs lettres, mais m'a envoyé une longue et intéressante note, à laquelle j'ai emprunté, en abrégeant, presque tout ce que j'ai dit des travaux de M. le doyen de Saint-Géry, à Valenciennes. J'ai encore mis à profit la touchante oraison funèbre prononcée par M. l'abbé Lasne devant la dépouille mortelle de M. Capelle ; j'ai cru aussi pouvoir reproduire certains détails que j'avais moi-même publiés, il y a un an, dans une courte notice envoyée à la *Semaine religieuse du diocèse de Cambrai.*

royal. Mais son père lui ayant été ravi par une mort pré-
maturée, il se vit sur le point d'être forcé d'interrompre ses
études. « En 1823, raconte-t-il en parlant de lui-même
« dans l'un de ses ouvrages, un enfant de Douai, fréquen-
« tait le Collége royal de cette ville, où il avait obtenu la
« gratuité de l'externat : le premier janvier 1825, il lui fut
« signifié que cette faveur lui était retirée, sous prétexte que
« sa famille était dans l'aisance. Sa mère, hélas! après
« avoir été longtemps favorisée de la fortune dans son com-
« merce, était devenue veuve; des malheurs l'avaient ac-
« cablée. Des ruines étaient cachées sous de belles appa-
« rences. L'enfant pleurait; il voulait continuer ses études.
« Dès ses premiers ans, il avait rêvé les saintes joies et les
« pénibles travaux du sacerdoce..... Forcé de quitter le
« collége, il eut recours à M. de Lewarde, qui lui accorda
« l'admission dans son école du Béguinage. » En cette
école alors florissante, il rencontra un grand nombre de
jeunes gens, appartenant comme lui à des parents honnêtes
mais peu fortunés, et qui devinrent plus tard prêtres, mé-
decins, professeurs, fabricants, chefs d'ateliers ; il s'y créa
des amitiés qui lui furent fidèles jusqu'après sa mort. Deux
ans plus tard, il entrait en seconde au séminaire de Cambrai ; sa facilité pour le travail et sa brillante imagination,
son caractère ouvert et son intarissable gaîté lui valurent
bientôt l'estime de ses maîtres et la sympathie de ses con-
disciples. En 1832, après avoir terminé ses études théolo-
giques, il fut ordonné prêtre et nommé vicaire dans une im-
portante paroisse de la campagne, à Iwuy, près Cambrai : il
s'y occupa du saint ministère avec un zèle dont le souvenir
vit encore dans ce village ; j'ai parcouru quelques-unes des
instructions à la fois solides et pratiques qu'il composa
alors; elles sont préparées avec autant de soin que si elles

avaient dû être prêchées dans la chaire de la cathédrale. M. Capelle fut heureux dans cette paroisse : il y faisait le bien. Le 5 février 1833, il écrivait à l'un de ses amis: « Représentez-vous ce jeune vicaire, que l'on destinait à la « métropole, traversant les rues du village, les pieds dans « de lourds sabots, couvert de boue jusqu'à l'échine, d'une « main relevant sa soutane et de l'autre s'appuyant sur un « bâton à fourche ou sur les murs des habitations Eh bien ! « ce jeune vicaire est heureux : il dit à qui veut l'entendre, « que le ciel lui a accordé ce qu'il avait souvent demandé « avant son ordination, en répétant : Mon Dieu ! faites-moi » vicaire au village ! Il est au village, mais quelles larmes » il répandrait s'il devait quitter ces bons et simples fidèles ; » oui, au village, et que Dieu soit mille et mille fois béni » de l'y avoir envoyé ! Qu'il l'y conserve encore longtemps ! »

Ce souhait ne devait pas être réalisé : M. Capelle fut nommé, en 1835, curé à Honnecourt, paroisse du Cambrésis. La situation était triste et difficile : pas d'écoles, un presbytère inhabitable, un cimetière envahi par les eaux , une église humide, privée d'ornements et désertée par les paroissiens, où la parole de Dieu n'avait presque jamais retenti depuis la révolution. Le jeune prêtre n'épargne ni sa santé, ni sa fortune personnelle ; le presbytère et le cimetière sont réparés en partie à ses frais ; l'église devient moins indigne du Dieu qui l'habite ; la parole divine se fait entendre plusieurs fois chaque dimanche. « Je ne recule point devant « le travail, écrivait-il quelque temps après son arrivée, et « selon le précepte de l'apôtre, je console, je catéchise, je « parle (et même je tonne) *in patientiâ et doctrinâ.* » Déjà en 1836, il avait obtenu des résultats ; il écrivait, en date du 28 juin : « Mon église s'arrange ; on construit mon « presbytère : je suis toujours bien vu et respecté. Les con-

« versions sont peu nombreuses ; mais il y a une grande
« tendance vers la religion. « En 1840, dans une autre
lettre, il remerciait le ciel de voir le bien s'opérer enfin à
Honnecourt ; à la Noël il avait eu la consolation de compter
121 personnes à la table sainte.

La création des écoles communales lui demanda de
nombreuses démarches, lui suscita une vive opposition.
Après avoir trouvé un instituteur, il dut lui donner lui-
même des leçons pour le faire admettre au brevet de capa-
cité. « J'aurai des écoles, écrivait-il encore le 29 janvier
« 1840, mais ce ne sera pas sans peines ; encore trois affaires
« de ce genre à traiter et je pourrai faire un fin diplomate...
« Mon école de filles surtout rencontre des entraves, bien
« que j'aie trouvé une institutrice qui aura bientôt son
« brevet. Mais, vive Dieu ! nous en sortirons, malgré l'op-
« position d'un pacha en sabots, en dépit des meneurs de
« coteries et des orateurs de cabaret. »

Tant de travaux lui avaient valu quelques désagréments;
il eut la consolation de voir combien il était aimé et vénéré,
lorsque l'autorité diocésaine le nomma à la cure plus im-
portante de Preux-au-Bois : ceux qui s'étaient montrés ses
adversaires voulurent signer une pétition pour le retenir
dans la paroisse.

A Preux-au-Bois, même zèle, mêmes travaux. Les ser-
mons prêchés dans d'autres paroisses ne le satisfaisaient pas;
il en composait de nouveaux. Voici ce qu'il écrivait en janvier 1842 : « le carême arrive ; mon plan d'instruction est
« arrêté ; j'y travaille et j'espère que l'on m'écoutera volon-
« tiers. Dieu veuille bénir les efforts que j'entreprends pour
« sa gloire, et me laisser donner, ajoutait-il avec le style
« familier qu'il aimait parfois à employer, une bonne volée
« de coups de bâton au diable. »

A l'époque où il traçait ces lignes, Monseigneur Giraud venait d'être nommé archevêque de Cambrai. « L'arrivée « de ce prélat pieux, zélé et savant, fut, comme l'a écrit « l'historiographe de notre diocèse M. Destombes, une « époque mémorable dans l'histoire ecclésiastique de la « contrée. Alors commencèrent à s'épanouir, dans les pa- « roisses, les dévotions et les pratiques religieuses toujours « chères à l'église et si propres au développement de la « piété; les missionnaires commencèrent à paraître au mi- « lieu de populations avides de les entendre. » M. Capelle semblait pressentir ce moment qu'il appelait de tous ses vœux; le 31 janvier 1842, quelques jours avant l'arrivée de Monseigneur Giraud, il écrivait : « Notre diocèse va chan- « ger de face; bientôt sans doute (et ce sera un grand bon- « heur pour les paroisses), nous aurons des prêtres auxi- « liaires chargés de donner des missions. » Non-seulement cette espoir ne fut pas trompé ; mais Monseigneur Giraud, qui ne tarda pas à apprécier le talent, le zèle et le cœur du curé de Preux-au-Bois, le nomma lui-même missionnaire diocésain, au mois de juillet 1842.

II.

M. Capelle, missionnaire diocésain; ses prédications. Ses travaux historiques et littéraires. Les trois jubilés de Cambrai, Lille et Douai.

Au moment de s'élancer, ainsi qu'il l'écrivait, sur un océan inconnu et plein d'écueils, il hésita ; mais il se rap- pela le pêcheur du lac de Génézareth, saint Pierre, qui n'avait rien capturé en travaillant durant toute la nuit, et qui fit une pêche miraculeuse lorsqu'il eut obéi à la parole du divin maître : « Conduis ta barque dans la haute mer et jette tes filets. » Lui aussi, pour obéir à l'ordre de son archevêque, il parla, et Dieu bénit sa parole. Il s'était montré prédicateur de talent dans les paroisses d'Iwuy, d'Honnecourt et de Preux-au-Bois; dans les missions il se révéla orateur. Ceux-là seuls qui l'ont entendu durant la première période de sa vie de missionnaire, peuvent se faire une idée des effets produits par sa parole. Pour moi, je n'oublierai jamais la mission qu'il donna, avec son confrère M. Crombé, dans la paroisse d'Estaires, en octobre 1843; j'étais bien jeune alors, mais je vois encore apparaître dans la chaire sa tête au front large, au regard étincelant, au port noble et majestueux; il se montre, et déjà il domine l'auditoire; il ouvre la bouche, et la vigueur de ses raisonnements, l'ardeur de ses convictions, l'ampleur de son geste, la sonorité harmonieuse de sa voix donnent à ses paroles une puissance presque irrésistible; parfois des frémissements courent parmi ces flots de toute une population qui a pris place dans les nefs de la vaste église. Ce fut pour moi une révélation : je compris pour la première fois le pouvoir de l'éloquence. Plus de cent paroisses du diocèse l'entendirent tour à tour prêcher des missions; j'ai suivi dans les *Annales inédites de la maison Saint-Charles* les courses apostoliques de M. Capelle; et j'ai vu presque partout ses prédications produire des résultats heureux et féconds. Son nom était devenu populaire dans le pays tout entier : à Armentières et dans plusieurs autres paroisses, son portrait ornait et orne encore aujourd'hui un grand nombre d'habitations. Mais tout cela ne pouvait s'obtenir sans peines et sans sueurs : plusieurs fois (et il en fut ainsi à Péronne et à Solre-le-Château) , après des journées et des nuits de

fatigues passées dans la chaire et au confessionnal, le missionnaire tombait tout à coup malade, épuisé, comme un
soldat à bout de forces, qui tombe sans blessure sur le
champ de bataille. Mais il ne tardait pas à se relever; et
bientôt il reprenait ses travaux et ses courses apostoliques.
Et il ne prêchait pas seulement dans les paroisses : les col-
léges, les communautés religieuses, les réunions et les associations charitables entendaient aussi sa voix. Plusieurs fois
il alla porter des consolations aux malheureux enfermés dans
les prisons. L'une de ses missions les plus fécondes en résultats est peut-être celle qu'il prêcha en avril 1856, dans
la maison de détention de Loos. Voici à ce sujet quelques
détails recueillis dans les journaux de l'époque et dans les
Annales de la maison Saint-Charles. « Pendant que son
« confrère, M. Hallez, obtenait d'ineffaçables consolations
« au milieu des jeunes détenus, M. Capelle prêchait aux
« dix-huit cents hommes environ qui composent le person-
« nel des prisonniers âgés de plus de vingt ans. Le sujet de
« son premier discours fut la réhabilitation du prisonnier
« avec Dieu, seul moyen de parvenir à sa réhabilitation
« avec lui-même et avec la société; dans les autres instruc-
« tions qui avaient lieu matin et soir, le missionnaire pré-
« cha sur les principaux dogmes de la foi, en revenant sou-
« vent sur les moyens que la religion fournit d'adoucir les
» souffrances de la captivité. Rien de plus touchant que de
« voir ces infortunés, agenouillés dans l'ancienne chapelle
« de l'abbaye autrefois peuplée par les disciples de saint
« Bernard. Le silence, le recueillement, l'attention avec
« laquelle ils écoutaient la parole divine auraient suffi pour
« dédommager le missionnaire des fatigues qu'il s'imposait:
« dans cet auditoire il ne rencontrait guères que des hom-
« mes de bonne volonté. Mais ce qui portait l'émotion à son

« comble, c'était l'éloquent murmure qui se faisait enten-
« dre après l'instruction du soir, lorsque les prisonniers
« allaient quitter la chapelle : le chœur entonnait le canti-
« que *Mon Dieu, pardon;* condamnés au silence par le
« règlement de la maison, les pauvres détenus se faisaient
« violence pour obéir à cette loi, et cependant leur cœur,
« touché vraiment de repentir, leur faisait prendre part à
« ce chant : et l'on entendait alors un pieux murmure que
« produisaient les paroles du cantique soupirées à demi-
« voix par les lèvres des prisonniers. Dès le 26, 8 prêtres
« s'étaient mis à la disposition des prisonniers pour enten-
« dre leur confession; dans la catégorie des hommes, plus
« de seize cents se présentèrent au tribunal de la pénitence:»
Nous avons trouvé, parmi les papiers de M. Capelle,
plusieurs allocutions, des lettres et des pièces de vers,
touchants témoignages de remerciments que les détenus
offrirent au missionnaire.

Ces utiles travaux remplirent sa vie, durant huit à neuf
mois chaque année, de 1843 à 1857. De juin à octobre, il se reposait dans la maison Saint-Charles, parta-
geant ses loisirs entre sa famille, ses amis et l'étude.
« Je suis toujours bien content dans notre solitude,
« écrivait-il le 13 septembre 1844, avec mes chers con-
« frères. Je sors pour aller voir ma mère ; il ne m'en faut
« pas davantage. » Sa mère l'avait suivi dans les presby-
tères d'Honnecourt et de Preux-au-Bois : aussi le jour où il
avait été nommé missionnaire diocésain, M. Capelle avait
hésité à accepter ; il lui fallait quitter celle qu'il aimait tant.
Mais, digne de son enfant, sa vieille mère lui avait dit :
« Mon fils, puisque c'est la volonté de Dieu, partez. »
Il lui avait, d'ailleurs, procuré une habitation à Cambrai,
et, durant ses vacances, il allait fréquemment la visiter et

passer quelques heures auprès d'elle. Les autres membres de
sa famille reçurent aussi des preuves de sa générosité qui
ne connaissait point de bornes : il entourait des soins les
plus tendres un neveu et une nièce, que la mort lui ravit en
1852. « J'éprouve en ce moment, écrivait-il en juin 1852,
» une peine bien vive et bien profonde : mon pauvre neveu
« est mort, et sa charmante sœur est atteinte de la même
« maladie. Elle eté envoyée à la campagne où je suis allé la
« voir avec un docteur de Douai ; et celui-ci, après l'avoir
« auscultée, m'a déclaré qu'elle est attaquée de la manière
« la plus grave. Je ne saurais dire combien je suis affligé :
« ces deux enfants étaient pour ainsi dire le charme, la
« poésie de mon existence ; et les voilà qui disparaissent
« comme des fantômes qu'on ne peut saisir... Mais que la
« volonté de Dieu soit faite... Puissent au moins mes amis
« ne pas me manquer ! » L'amitié, comme il le désirait,
ne lui fit jamais défaut : il aimait trop pour ne pas être
aimé. Il écrivait encore en janvier 1855, à un ami d'enfance qui devait être plus tard l'ami de sa dernière heure :
« Après l'amour de Dieu, ce qu'il y a de plus agréable,
» c'est une amitié vraie... aussi, je t'en prie, garde-moi
« bien ton amitié, toujours aussi bonne, toujours aussi
« constante. » Et le 31 octobre 1866, à Toulouse où le
retenait la maladie, il commençait une lettre par ces lignes :
« Mon très-cher ami : Oui, très-cher, sur la page où j'ai
« inscrit les noms de mes amis tu es à la première ligne,
« et d'ailleurs cette liste n'est pas bien longue. Après le nom
« du cher archevêque (Monseigneur Desprez, archevêque
« de Toulouse,) vient le tien ; et puis il y en a encore deux
« ou trois. O mon Dieu, que les vrais amis sont rares ! Et
« combien je vous remercie de m'en avoir donné quelques-
« uns qui m'aiment à cause de moi, rien qu'à cause de

« moi, comme je vous aime, ô Seigneur, à cause de vous. »

Le 8 septembre 1844, dans une autre lettre au même ami d'enfance, il disait : « Viens passer quelques jours avec « moi; nous causerons. Je te lirai quelques-unes de mes « compositions en prose et en vers : car, dans mes loi- « sirs, je me distrais toujours avec les muses, je remplis « mon temps par l'étude. » Depuis sa sortie du séminaire, au milieu des occupations qui avaient rempli sa vie, M. Capelle n'avait jamais perdu le goût des travaux littéraires et historiques. La paroisse d'Honnecourt, où il fut nommé à l'âge de vingt-six ans, abonde en souvenirs; le jeune curé étudia l'archéologie et la paléographie, entra en rela- tion avec M. Leglay et d'autres érudits, et, après de longues recherches, commença à rédiger l'histoire de ce village. Transféré à Preux-au Bois, il abandonna cet ouvrage déjà presque achevé, et s'occupa principalement, de 1841 à 1845, de littérature et de poésie. Parmi les écrits et les notes retrouvés dans ses papiers après sa mort, nous avons rencontré, jetées çà et là au hasard, sur des feuilles vo- lantes, un grand nombre de poésies, parfois incomplètes ou inachevées, *disjecti membra poetæ*; ce sont des strophes à la Sainte Vierge et de mélodieux cantiques, des regrets adressés aux amis qu'il venait de quitter, de spirituelles chansonnettes la plupart écrites en patois douaisien qu'il disait lui-même avec la grâce la plus charmante et l'en- train le plus communicatif, des descriptions, des frag- ments, improvisés devant une grande scène de la nature, au pied d'un antique monument. Des notes tracées au crayon nous apprennent qu'un soir en Italie, visitant le Colysée avec quelques jeunes gens et l'un de ses confrères, il impro- visa les vers suivants où le prêtre s'unit au poète, pour

chanter le martyre des chrétiens et surtout celui de saint
Ignace, évêque d'Antioche.

O toi qui dévoras nos pères, Colysée,
Voici donc à nos pieds ta grandeur abaissée :
Les martyrs ont du Ciel conquis le noble prix,
Et toi, tu n'offres plus qu'un immense débris.
Je te salue, Ignace ! Ici brilla ta gloire ;
Ici tu remportas la plus belle victoire.
Ce sol a bu ton sang ! Des lions irrités
Sur ta tête sacrée ici se sont jetés ;
Mais en broyant tes os, ils te donnaient la vie.
Ah ! nul trépas pour moi n'est plus digne d'envie !
Qu'il fut beau, qu'il fut grand, ce jour où les Romains,
De ton sang altérés, criaient, battant des mains,
« *Le chrétien aux lions ;* » Défiant leur furie,
Le chrétien triomphant entrait dans la patrie !

Avec la poésie, M. Capelle faisait marcher de front les
travaux d'érudition : les recherches dans les bibliothèques et
les archives avaient pour lui un attrait singulier ; souvent il
passait de longues journées dans le riche dépôt de Lille,
avec son ami le savant M. Leglay. Celui-ci, qui lui témoi-
gne dans ses lettres la plus haute estime, demanda
même à Mgr. Giraud s'il ne pouvait point se l'attacher
comme collaborateur dans les archives départementales. Ce
projet ne put aboutir ; et M. Capelle ne fit que fournir des
notes pour le *Cameracum Christianum.* Plusieurs travaux importants absorbaient d'ailleurs la plus grande partie
de ses vacances et de ses loisirs. Depuis son entrée au séminaire jusqu'à la dernière heure de sa vie, M. Capelle a toujours conservé le culte le plus pieux, le plus fervent pour la
sainte Image de Notre-Dame-de-Grâce de Cambrai : en

1845, fut publiée une brochure dans laquelle l'antiquité de cette Image miraculeuse et la bonne foi des chanoines étaient mises en doute. Blessé dans la dévotion qui lui était la plus chère, M. Capelle répondit à cette brochure avec autant de modératiou que de science, par sa *Lettre à M. E. J. Failly* (1). Plus tarp il étudia cette question plus complétement, et publia en 1851 un ouvrage qui a pour titre : *Notre-Dame de Cambrai ou Notice sur l'Image miraculeuse de Notre-Dame-de-Grâce* (2).

Ses recherches s'étaient portées dès 1846 vers un autre sujet. Durant ses courses apostoliques à travers le diocèse, il avait souvent entendu parler de ces prêtres généreux qui, aux jours néfastes de 1793, préférèrent à l'apostasie une vie errante et incertaine dans les bois et les fermes isolées, l'exil dans les pays étrangers, la captivité sur les pontons et à Cayenne, la mort sur les échafauds de Cambrai, de Valenciennes et d'Arras. Il recueillit pieusement ces souvenirs, les fit recueillir par plusieurs autres ecclésiastiques et publia en 1847 la *Biographie des prêtres du diocèse de Cambrai morts depuis 1800* ; curieux ouvrage, dit M. Leglay, qui renferme des documents utiles pour l'histoire religieuse, et dont chaque biographie forme comme un épisode de cette période si tristement célèbre (3). M. Capelle avait aussi réuni des notes et des documents sur l'histoire du schisme constitutionnel dans le diocèse et sur la vie de Mgr. Belmas ; il avait mémé écrit plusieurs chapitres de ces deux ouvrages ; par prudence, il renonça à les faire

(1) Lettre à M. E. J. Failly, Cambrai, 1845.

(2) Cet ouvrage a eu une nouvelle édition en 1852. Dans cette édition se trouve une *Introduction sur le Culte de la Sainte Vierge à Cambrai*, qui a pour auteur M. Destombes, alors professeur d'histoire au séminaire de Cambrai, aujourd'hui supérieur du collége Saint-Jean, à Douai.

(3) LEGLAY, *Cameracum Christianum, Introduction*, p. LXII.

paraître. Du moins, il publia la vie de l'un des plus illustres successeurs de Fénelon, de S. E. le cardinal Giraud, archevêque de Cambrai ; ouvrage écrit d'après la volumineuse correspondance du cardinal, et dans lequel M. Capelle montra tout ce qu'il avait de richesse dans l'imagination et dans le cœur. Vers la même époque, il avait acquitté une dette plus ancienne encore de son cœur, en composant l'éloge historique du fondateur du Béguinage de Douai et de tant d'autres institutions utiles, de *M. Edouard-Nicolas-Joseph de Forest de Lewarde ;* il me suffira de rappeler que cette notice a eté couronnée par la Société d'Agriculture, Sciences et Arts de Douai, qu'elle fut insérée dans ses Mémoires et valut à l'auteur le diplôme de membre correspondant (1). Nous nous contenterons de donner les titres des travaux que M. Capelle publia dans les années suivantes : en 1852 une nouvelle édition de la *Notice sur Notre-Dame-de-Grâce* et le *Souvenir du Jubilé séculaire de Cambrai;* en 1854, la *Notice sur Notre-Dame de la Treille* et le *Souvenir de ce second Jubilé séculaire;* en 1855, les *Recherches sur l'Histoire du Saint-Sacrement de Miracle de Douai,* aussi avec le *Souvenir de ce troisième Jubilé séculaire;* en 1857, la *Vie de sainte Hiltrude avec une notice sur l'abbaye de Liessies.*

Plusieurs de ces derniers travaux nous reportent à l'une des époques les plus mémorables de la vie de M. Capelle. De 1852 à 1855, notre diocèse a vu célébrer trois jubilés séculaires qui ont réveillé les traditions antiques, ravivé la foi, enflammé la piété et excité un vif enthousiasme religieux dans le pays tout entier. Nous ne craignons pas de le déclarer : pour rendre possibles toutes ces grandes fêtes

____

(1) *Mémoires de la Société d'Agriculture, Sciences et Arts de Douai,* 2ᵉ série.

séculaires qui rappelaient Notre-Dame-de-Grâce à Cambrai, Notre-Dame-de-la-Treille à Lille, et le Saint-Sacrement-de-Miracle à Douai, pour préparer et organiser ces trois processions aux groupes si riches, si variés et si nombreux, il a fallu l'intelligence, le goût artistique, l'activité, la foi et la piété de M. Capelle. D'autres ont pu prêcher avec autant d'éloquence, écrire avec autant de facilité, se dépenser avec avec autant de zèle : aucun peut-être n'aurait su, comme lui, mener à bonne fin ces trois imposantes manifestations religieuses qui jetèrent, ainsi qu'il le dit lui-même, *un défi à l'incrédulité, à l'indifférence de notre âge.* Les trois jubilés séculaires sont les trois grandes journées del'histoire de notre diocèse au milieu du dix-neuvième siècle ; elles sont aussi les trois grandes journées de la vie sacerdotale de M. Capelle. Mais ce ne fut pas sans peine, sans d'immenses fatigues qu'il arriva à ce résultat : on peut compter par milliers les lettres qu'il écrivit ou fit écrire à ce sujet. Monseigneur l'Archevêque de Cambrai montra qu'il appréciait ses services éminents, lorsqu'après la procession de Notre-Dame-de-la-Treille, il lui conféra les insignes de chanoine honoraire ; la ville de Douai montra combien elle était fière de lui avoir donné naissance, en offrant à l'organisateur du jubilé du Saint-Sacrement-de-Miracle une magnifique chapelle en vermeil, ornée de riches émaux. Dans la fête célébrée à cette occasion, le 30 décembre 1855, M. Maurice, alors maire de la ville, adressa à M. Capelle un discours auquel nous empruntons les lignes suivantes : « Il fallait « pour réussir, comme vous l'avez fait, unir l'infatigable « ardeur du chrétien le plus fervent au goût épuré, aux « inspirations classiques d'un artiste d'élite ; il fallait en- « core aimer la ville de Douai, comme le plus dévoué de « ses enfants, pour entreprendre, sans faiblir, ce labeur

« immense, dont le résultat devait faire briller **votre ville**
« natale d'un éclat si vif et si inattendu. (1) »

III.

*Amour de Monsieur Capelle pour sa ville natale. Il est
nommé doyen de Saint-Géry à Valenciennes; ses travaux dans cette paroisse; sa dernière maladie; sa mort.*

Les dernières lignes que nous venons de citer mettent en
lumière un trait que nous ne nous pardonnerions pas d'ou-
blier dans le caractère de M. Capelle. Il était véritablement
Douaisien, il aimait du fond du cœur sa ville natale, il
répétait volontiers et souvent : *Je suis un enfant de Gayant.*
Il prenait intérêt à tout ce qui passait dans notre cité; le
souvenir de Douai lui était présent partout, lui fut toujours
cher. En 1856, il était en mission à Denain, prêchant quatre
ou cinq fois par jour : l'époque de la fête du Saint-Sacrement-
de-miracle arrive ; il trouve le temps d'y penser et d'écrire à
l'un de ses amis : « Ah ! que je voudrais être aujourd'hui à
« Douai dans l'église Saint-Jacques : c'est la fête du Saint-
« Sacrement-de-miracle ! Oh ! le Saint-Sacrement-de-mi-
« racle ! Que de choses il y a pour moi dans ce mot ! Quel
« beau, quel saint souvenir !

Aux derniers jours de sa vie, quand la maladie avait déjà
épuisé ses forces et assombri sa gaîté, il suffisait d'un souvenir douaisien, d'un récit de sa jeunesse pour ramener un
sourire sur ses lèvres, un rayon de bonheur sur son front.
Durant cette triste période de son existence, l'un de ses amis
était allé passer quelques heures avec lui et lui avait long-

(1) Ce discours se trouve reproduit *in extenso* dans *Le Souvenir du
jubilé séculaire du Saint-Sacrement-de-Miracle.*

temps parlé de Douai; la force revint au malade avec la gaîté, et, après le départ de cet ami, il dicta, pour la lui envoyer, une charmante pièce de vers à laquelle nous empruntons la strophe suivante :

> Que tu sais bien la corde de la lyre
> Qu'il faut toucher pour ranimer mon cœur!
> Après mon Dieu, c'est Douai qui m'inspire
> Le doux émoi qui donne le bonheur.
> Oh! parlez-moi des jours de mon enfance
> Et de Douai, je suis Douaisien ;
> Tout m'y rappelle aimable souvenance....
> Mon cher ami, que tu m'as fait de bien !

Que l'on me permette, au sujet de l'amour de M. Capelle pour sa ville natale, d'emprunter une page à une lettre qu'il écrivit de Gênes durant un voyage en Italie.

Le 12 mars 1857.

« Vous qui êtes si bon Douaisien , vous me saurez gré de
« vous associer au plaisir que j'ai éprouvé aujourd'hui. Je
« passais ce matin devant l'un de ces palais construits en
« marbre de Carrare, qui ont fait donner à cette ville le
« nom de Gênes la superbe. Je demandai à mon cicerone
« quel était ce palais; il me répondit : C'est l'Université;
« c'était autrefois la résidence des Jésuites à qui il avait été
« donné par la famille Balbi. — N'y a-t-il point d'objets
« d'art, de statues? — Il s'y trouve, me dit le guide, quel-
« ques bas-reliefs de Jean-de-Bologne. — Comment! de
« Jean-de-Bologne! Et vous ne m'en disiez rien! Vite,
« entrons. » Nous gravissons un large escalier de marbre,
« et, après avoir traversé des galeries supérieures, nous
« pénétrons dans la grande salle. Là sont conservées six

« statues en bronze de notre célèbre sculpteur Douaisien :
« la Foi, l'Espérance et la Charité, la Prudence, la Force
« et la Tempérance. Vous ririez peut-être si je vous disais
« que le sauvage de l'Océanie contemple avec moins de
« plaisir au Jardin-des-Plantes le palmier de son île na-
« tale, que je ne contemplai ces œuvres d'un artiste de
« Douai. C'était la première fois que je voyais des statues
« de Jean-de-Bologne. Et quelles statues ! Ne ne demandez
« point ce que j'en pense, je ne vous répondrais que par
« des points d'exclamation... Ces statues sont de grandeur
« naturelle ; celle de l'Espérance me paraît l'emporter sur les
« autres. Je voulus ensuite visiter une porte en bronze
« ornée de bas-reliefs de Jean-de-Bologne. Hélas ! pour-
« riez-vous jamais imaginer ce que sont devenus les six bas-
« reliefs de cette porte, ces bas-reliefs bien plus admirables
« encore que les statues ? Encadrés dans des baguettes de
« bois doré, ils sont appendus sur les murailles badigeon-
« nées d'un petit cabinet de travail, où se tient un em-
« ployé, un commis d'économat peut-être : ces bas-reliefs
« me semblaient eux-mêmes s'étonner de l'oubli dans
« lequel on les laisse. Leur largeur est de 70 centimètres
« environ, leur hauteur de 40; ils représentent N. S. devant
« Hérode, la flagellation, le couronnement d'épines, la
« condamnation à mort, N. S. portant sa croix, le cruci-
« fiement. L'on peut dire, sans aucune exagération, que ce
« sont de véritables chefs-d'œuvre; ils ornaient autrefois la
« porte de la chapelle. Je n'en ai ai pas encore vu d'aussi
« remarquables; les personnages sont en un relief si puis-
« sant que plusieurs statuettes se détachent presque com-
« plètement. »

Nous passons à regret sous silence les pages dans lesquelles le voyagenr douaisien a parlé de l'œuvre et du tombeau

de Jean de Bologne à Florence, et ajoutons seulement,
sur son excursion en Italie, quelques mots empruntés à
l'éloquent panégyriste qui a fait son oraison funèbre : « Ce
« voyage de M. Capelle à Rome et en Italie ne devait pas
« seulement contenter sa nature d'artiste par le spectacle
« des chefs-d'œuvre de l'art ancien et moderne ; il devait
« surtout donner une libre expansion à son profond dévoue-
« ment pour la chaire de Saint-Pierre et pour la personne
« sacrée de notre bien-aimé Pie IX. Et là encore, dans la
« ville éternelle, au centre de toutes les lumières et de
« toutes les grandeurs, il lui fut donné d'annoncer la parole
« divine. C'était le vendredi-saint de l'année 1857, dans
« l'église de Saint-Louis-des-Français ; il avait devant lui
« l'armée française d'occupation. Après avoir rappelé
« les souffrances du divin Maître et montré les rapports in-
« times qu'elles ont avec les épreuves actuelles de son
« vicaire sur la terre, il représenta vivement aux troupes
« françaises tout ce que la cause qu'elles soutenaient avait
« de grand, de touchant et de sublime ; et il arrachait à
« ces braves soldats des larmes d'émotion et d'enthou-
« siasme. »

Le jour même où, rentrant de ce voyage en Italie, Monsieur Capelle était allé saluer Monseigneur l'archevêque, il
reçut sa nomination au décanat de Saint-Géry à Valenciennes. Aucun des habitants de cette ville n'a oublié son
discours d'installation, dans lequel, par un hardi mouve-
ment d'éloquence, il présenta sa main à la cité. L'union,
créée dès ce jour entre le pasteur et le troupeau, dura dix
ans sans s'altérer ; elle fut cimentée par de nombreux bien-
faits. Les paroissiens de Saint-Géry voulurent consacrer la
mémoire du jour de l'installation de leur nouveau doyen,
par le don d'un riche ciboire orné d'émaux et de pierres

précieuses ; une magnifique croix processionnelle, chef-d'œuvre d'orfèvrerie, fut bientôt acquise par l'église ; deux missels et deux évangéliaires avec fermoir et coins en vermeil ciselé, des chandeliers pour l'autel et des ornements brodés dans le style du XIIIe siècle, relevèrent la splendeur des cérémonies sacrées. L'église Saint-Géry, construite pour des Récollets dans la première période du style ogival, avait subi les transformations et les restaurations les plus malheureuses : M. Capelle lui rendit son caractère à l'intérieur et fit élever dans le chœur un autel en bois véritablement monumental, entouré de statues et de vitraux, qui symbolisent la foi prêchée dans l'univers, dans le diocèse de Cambrai ; il obtint, pour former les lambris, quarante bas-reliefs en chêne, sculptés avec art, épaves qui proviennent de de l'abbaye de Vicoigne. Huit jours avant sa mort, il se faisait apporter dans sa chambre le premier panneau d'un banc de communion qui devait relier au chœur les autels des nefs latérales et indiquait d'heureuses modifications qui furent introduites dans l'exécution de ce travail.

Il ne négligeait point les âmes. Le conseil lui avait été donné, dans l'intérêt de sa santé, de ne se laisser aller qu'avec modération à son goût pour la prédication de la parole de Dieu ; hélas ! il ne sut point y obéir. Non content de prendre sa très-grande part dans les instructions ordinaires, il profitait de toutes les occasions qui s'offraient de parler à son peuple, fêtes, jubilés, retraites, catéchismes de persévérances, premières communions, confirmation, associations de charité, réunions d'ouvriers ou d'anciens militaires. Le 5 mai 1861, les médaillés de Sainte-Hélène de la ville demandèrent un service pour l'empereur Napoléon Ier, M. Capelle voulut le chanter lui-même ; après l'évan-

gile il monta en chaire et parla à ces vieux débris de nos
grandes armées, de l'empereur, de ses victoires, de sa foi
et de sa mort chrétienne, avec tant d'émotion et d'enthousiasme, qu'à la fin du discours des applaudissements et des
cris de *Vive l'Empereur !* retentirent sous la voûte étonnée
de l'église. Nous n'oublierons point de rappeler, que, dans
la direction des âmes, il était reconnu pour la prudence et la
sagesse de ses conseils ; ceux-là mêmes qui étaient éloignés
de la pratique des devoirs religieux, allaient s'adresser à lui
dans les heures critiques de leur vie, et ils ne le quittaient
jamais sans avoir reçu un avis utile, une douce consolation,
un parole amie. Auprès de ceux que l'infortune avait frap-
pés, il ne se contentait point de l'aumône du cœur : les té-
moins de sa vie intime ne lui ont jamais reproché qu'une
générosité parfois trop large et trop facile.

Altérée depuis longtemps par des travaux et des fatigues
qui excédaient ses forces, la santé de M. l'abbé Capelle fut
insensiblement ruinée par une anémie dont il ne pouvait se
rendre compte. Parfois , après l'une de ces prédications
dans lesquelles il dépensait tout son cœur et toute sa voix,
il tombait dans un état de prostration qui durait plusieurs
jours. Un climat plus doux, un ciel plus chaud lui furent
conseillés par la science; cédant aux instances de l'un de
ses amis d'enfance et de séminaire, Monseigneur Desprez,
archevêque de Toulouse, il alla passer quelques mois dans
cette ville et à Bagnères de Luchon. Mais, dans le midi
comme dans le nord, il était le plus souvent triste, souffrant,
épuisé; quelques éclairs de santé et de gaîté brillaient encore
par intervalle dans son âme et sur son front, mais il retom-
bait bientôt dans un accablement, augmenté par la douleur
qu'il éprouvait de se voir éloigné de sa chère église de

Saint-Géry. Il revint dans sa paroisse en octobre 1866, et entra bientôt dans cette longue agonie d'une année, qui se termina le 7 octobre 1867, par une mort douce, pieuse et sainte.

Tonte la population de Valenciennes assista à ses funérailles; un certain nombre de personnes de la paroisse versaient des larmes; la dépouille mortelle était portée par des prêtres de la ville; les autorités locales tenaient les coins du poêle. Monseigneur l'archevêque était représenté à cette triste cérémonie par M. Bonce, vicaire-général, qui chanta lui-même la sainte messe, et le clergé du diocèse par plus de cent ecclésiastiques; un grand nombre d'amis du défunt étaient venus des villes voisines unir leur douleur et leurs prières à celles des habitants de Valenciennes. Avant l'absoute, une voix éloquente et profondément émue, celle de M. Lasne, alors supérieur du collége Notre-Dame, prononça l'oraison funèbre, en prenant pour texte et pour pensée générale cette parole du psalmiste : *zelus domûs tuæ comedit me*, Seigneur, le zèle de votre maison m'a dévoré. Ces mots résument, en effet, toute la vie du prêtre, du missionnaire, dont nous avons essayé de faire connaître les œuvres et les vertus. Nous serions heureux, si ces pages, trop longues peut-être en elles-mêmes, mais trop courtes pour retracer une existence si pleine, pouvaient donner une idée de ce zèle sacerdotal qui a véritablement dévoré M. Capelle, si elles pouvaient contribuer à conserver la mémoire d'un nom qui doit rester gravé dans les annales religieuses du diocèse, dans les souvenirs de Lille, de Cambrai, de Valenciennes et de Douai.

Douai. — Imp. de L. CRÉPIN, rue de la Madeleine, 23.

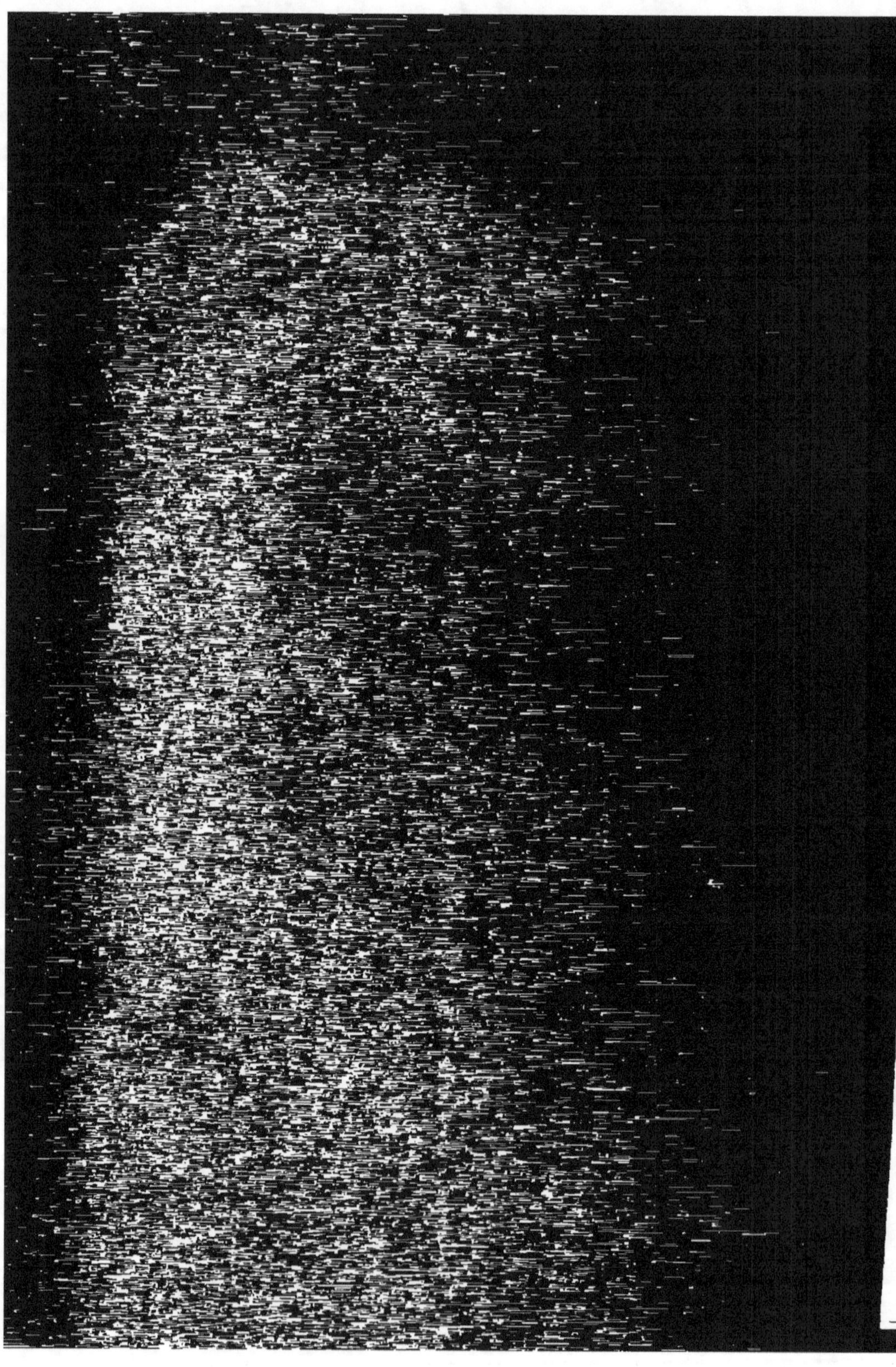